ye

22749

# RECUEIL

DE

## CHANSONS NOUVELLES,

(Propriété de l'Auteur)

CHANTÉES PAR LUI ET SON ÉPOUSE (FRAMPAS).

I

## CHANSON

SUR LE VIN DE MIL HUIT CENT TRENTE-HUIT,

*A l'avantage du Vigneron, de l'Aubergiste, du Buveur et en même temps du Chanteur.*

AIR : *Sans détour.*

REFRAIN : Vin de trente-huit, par la suite
Nous feras faire la guerre,
Plus de cent bonnets,
Seront repassés à coups de soufflets.
Versez donc, à plein verre,
Du rouge de Tonnerre;
En blanc de Chablis
Et de Champagne
Tout est rempli.

Approchez-vous tous, chanteurs,
Bons enfans un peu licheurs,
Ce n'est pas pour les cornichons
Que nous chantons des chansons;

C'est pour tous ces dégourdis
Et les demoiselles qui ont de l'esprit,
Ensuite les vignerons
En buvant ils chanteront:

    Vin de trente-huit.....

    Engagez-vous, petits et grands,
Dedans notre régiment,
Nous viderons les caveaux,
Les petits tonneaux et les gros.
Puisque saint Vincent nous le donne,
Il faut nous rougir la trogne
Du nouveau que voilà,
En buvant l'on chantera :

    Vin de trente-huit.....

    Les femmes de certain pays
Iront chercher leurs maris,
Ce n'est pas au confessionnal,
C'est aux guinguettes ou au bal,
Avec le manche à balai
Pour leur taper sur le toupet.
Pour se parer des coups
Buvez donc avec nous.

    Vin de trente-huit.....

    Les filles de plusieurs cantons,
Qui aimeront les garçons,
Suivez-les au cabaret,
Vous boirez du vin clairet.
Ils vous brocheront vos frisons
Et pommaderont tout du long ;

Seront frisées pour neuf mois;
C'est en chantant que l'on boit.

Vin de trente-huit.

Nous récitons ces couplets
Pour ceux qui n'ont pas le toupet,
Il faut être dégourdi
Pour apprendre de l'esprit,
Et pour être bien mariée
Il faudra vous allonger.
En vidant les flacons
Pour Bachus nous chanterons.
Vin de trente-huit.....

Voici pour les ouvriers,
Taillandiers et serruriers,
Même pour tous les arts d'état,
Et cetera, et cetera;
Voilà la ligne du chanteur,
Toujours la joie dans son cœur
Pour licher il est là.
En trinquant il chantera.

Vin de trente-huit.....

A la fin de la chanson,
Ceux qui voudront boire boiront,
Celui qui ne voudra pas
Il rappellera Nicolas,
On sonnera le carillon
Tout autour de sa maison.
Ah! si tu ne bois pas
Comme nous tu chanteras.
Vin de trente-huit.....

Plusieurs bourgeois de Paris
Ils s'approvisionnent aussi
De ce bon vin délicat,
Et de celui de Malaga,
Mais si vous voulez en boire,
Saisissez—le au pressoir
Il se conservera,
Beaucoup n'en auront pas.

Vin de trente-huit.....

Nous avons le clos de Vougeot,
Qui remplit beaucoup de tonneaux;
Mais c'est le roi qui l'aura,
Ce fameux vin de chasselas.
Il se rincera le gosier,
De Vertus et d'Epernay,
Le gros vin du Midi.
On boira jour et nuit.

Vin de trente-huit.....

Puisque le vin maintenant
Est bon aux petits et grands,
Il faut donc nous consoler
Nous pouvons boire et manger.
En prenant le temps comme il vient,
Nous ne manquons jamais de rien,
Etant dans ces lieux bas,
Je crois qu'on ne boira pas.

Vin de trente-huit.....

Je veux qu'à mon enterrement,
Que l'on me porte en chantant,

En chantant un *libera*,
Et pas de *meá culpá*,
Et pour servir d'eau bénite,
Il faut du vin de trente-huit,
Pour rafraîchir mon corps,
Du dedans comme du dehors.

Vin de trente-huit.....

Pour mettre fin aux couplets,
C'est sur Mayeux et Riquet,
L'on croit que c'est des tonneaux
qu'ils portent derrière leurs dos,
Ils sont bossus par devant,
Pour blaguer, ils sont contens,
Ils veulent se marier,
Pour mieux boire et chanter.

Vin de trente-huit,
Par la suite,
Nous feras faire la guerre,
Plus de cent bonnets
Seront repassés à coups de soufflets,
Versez donc à plein verre
Du rouge de Tonnerre;
En blanc de Chablis
Et de Champagne
Tout est rempli.

**FIN.**

---

# CHANSON NOUVELLE

POUR LA GUERRE DÉCLARÉE.

*Air de musique.*

Un jeune soldat gagna par sa vaillance,
La croix d'honneur, comme ce grand vainqueur ;
A son retour il arriva en France,
Etant blessé, fort chargé de lauriers ;
On l'enveloppa d'un drapeau tricolore,
Fut escorté de plusieurs chevaliers,
Il a reçu pour noble récompense,
C'est le brevet de l'immortalité.  (*bis.*)

Il fut nommé grand maréchal de France
Par son génie et ses nobles talens,
Trois croix d'honneur, c'est pour sa récompense.
Voilà l'histoire de ce grand conquérant ;
Mais la Russie nous déclare la guerre,
Nous le verrons le premier en avant,
Il commandera notre armée la plus belle,
Il bravera le danger, le trépas.  (*bis.*)

L'Autriche, la Prusse, voilà qu'ils se présentent,
Pour faire la guerre nous n'appréhendons rien ;
Notre jeune prince, avec beaucoup de patience,
Se montrera comme le petit lapin.
Si les Français marchaient sans espérance,
Leur général ne serait pas troublé,
Son bras, le fer qui est au bout, sa lance,
C'est un rempart pour notre liberté.  (*bis.*)

Le Polonais qui est en Sibérie,
Fut exilé du vingt-neuf juillet,
Ils sacrifieraient tous pour nous leur vie
Si nous pouvions aller les délivrer,
Ils sont esclaves et fort chargés de chaînes,
Mais le Russien, nous saurons le pincer
Il paiera la musique et la danse,
C'est les Français qui le feront valser.     (*bis.*)

---

# CHANSON NOUVELLE

Air : *Un vieux soldat appuyé*, *etc.*

Français chantons tous en réjouissance,
Le bonheur, la gloire et la vertu
De ce grand homme qui est exilé de France,
Dans un noyer a été reconnu,
C'est une histoire qui n'est pas fabuleuse,
A Vilris, village près de Troyes.
Il est inscrit au temple de mémoire,
Sa face est même gravée dans le bois.     (*bis.*)

Aux deux poches de sa redingote grise,
On aperçoit les faveurs sans défaut,
On voit ses bottes et son épée qui brille,
Et la forme de son petit chapeau,
Ses croix d'honneur qui demandent vengeance,
On voit briller aussi ses étendards,
On voit l'aigle qui fixe la colonne
Et son fils qu'il presse dans ses bras.     (*bis.*)

A gauche on voit son général fidèle,
Bertrand qui ne le quittera jamais,

A droite, on aperçoit une chapelle
Où Montholon quitte Napoléon,
On voit aussi le drapeau tricolore,
Les Polonais l'arrosent de leurs pleurs.
Les vieux soldats au bas de la colonne,
Demandent la guerre, et elle ne vient pas. (*bis.*)

# CHANSON NOUVELLE

*Pour le départ des Conscrits, et le change-
ment de garnison des troupes Françaises,
les adieux de leurs bons amis.*

### Air de Marmont–Raguse.

Adieu parens, père et mère chéris,
Ma bonne amie que je chérissais tant,
J'entends la voix de mon roi qui m'appelle
Et la musique qui ronfle dans les camps.
Non, maintenant il n'y a rien qui m'intéresse
Que de mettre le sac sur le dos,
A mon drapeau je veux être fidèle.
J'espère voir le petit chapeau.        (*bis.*)

En arrivant dans la plaine guerrière,
Où on entendra ronfler le canon,
Je vois venir tout près de la frontière,
Un étranger me demandant mon nom.
Ici, on ne passe pas la barrière,
Je suis Français, et toi tu es Autrichien,
Quoique conscrit, quinze pas en arrière !
Je veux faire comme le petit lapin.      (*bis.*)

Un jour je me trouve pris par la patrouille,
J'étais sergent pour passer lieutenant,

Sans explication voilà qu'on me dépouille,
Et que l'on me prend mes galons de sergent,
On me conduit dans le fond de la Russie :
On n'écrit plus à papa ni à maman,
Pas de nouvelles de la bonne amie.
Je crois que le petit lapin me fuit.     (*bis.*)

## CHANSON NOUVELLE.

AIR : *L'Eternel en courroux, etc.*

Un jour l'Eternel contre nous
Avait frappé, menacé de sa foudre ;
Mais le roi qui veille sur nous
Dit à son fils de se résoudre.
Pour endormir plusieurs douleurs,
Cela ne serait pas nécessaire ;
Lorsque l'on voit du bien partout,
Nous ne trouvons pas grand'misère. (*bis.*)

Des Français et d'autres souverains,
Ma faible voix osera vous le dire,
Dans Paris l'on ne connaît plus rien,
Que l'ambition, la jalousie.
Il n'est plus le père du peuple,
Il s'éloigne de la patrie ;
Mais nous avons un souverain,
Qui est pour nous digne de vivre. (*bis.*)

Plusieurs le disent décédé
Pour intimider. O la belle conquête !
Un jour nous saurons le trouver,
Ce grand homme que l'on répète.
Au printemps tout refleurira :
Dans les vallons et les bocages,
Tout changera, jusqu'au climat,
Ce sera à notre avantage. (*bis.*)

# ROMANCE NOUVELLE

## SUR LES DEUX PETITS RUISSEAUX.

Un soir ma charmante Lisette,
Elle me chanta ces trois jolis couplets;
Je répétais avec ma clarinette,
L'écho retentissait dans la forêt.
A son murmure, à mon âme ravie,
Je la demande en mariage promptement;
Si de l'aimer mon âme en a l'envie,
En soupirant, je vois son portrait charmant.(b.)

Si je sommeille en fermant la paupière,
Je l'aperçois auparavant le jour;
Quand je voyage, sous mes pas sa tendresse,
De vue je ne la quitte ni nuit ni jour.
A mes repas, elle est toujours à table,
A mon coucher, elle ne peut me quitter;
N'y a plus que les liens du mariage,
Je ne pourrais me séparer. ( bis. )

Amie sincère, je ne suis pas volage,
Oui, j'ai juré pour toi fidélité;
Je te donne mon cœur pour partage,
Je te déclare ma façon de penser.
Si je pouvais partager ta tristesse
Au souvenir de nos fidèles amours,
Nous irons voir ma mère aussi ton père,
Nous nous unirons pour toujours. ( bis. )

# ROMANCE NOUVELLE.

AIR : *Passagère hirondelle.*

Reviens, reviens, autour de ma fenêtre,
Cruel amant, tu as trahi tes sermens.

Tu ne fais pas comme la tourterelle,
Viens promptement à mes gémissemens. (*bis.*)

Pourquoi me fuir? pourrai-je te rejoindre?
Ah! si ton cœur était comme le mien!
Tu passerais le feu et les rivières
Pour l'amitié, puisque tu l'as juré. ( *bis.* )

Si je pouvais voler comme l'hirondelle,
Je porterais mon bonheur et le tien;
Je trouverai ton portrait, infidèle,
Cent fois le jour, oui je l'embrasserais. (*bis.*)

Dans mes travaux je pense à ta tendresse;
Jouis pour moi jusqu'au premier moment;
Quand je soupire, le dieu d'amour m'inspire
Pour toi, amant, jusqu'au dernier moment. (*b.*)

---

# CHANSON NOUVELLE SUR NAPOLÉON,

*Pour tous les braves qui l'ont servi fidèlement,*
*et d'autres qui l'ont trahi, on cite leur nom,*
*et sont rejetés de France.*

*Air du Chasseur.*

REFRAIN : Maintenant, dans cent ans,
     On les trouvera dans l'histoire,
     Ces héros de renom
     Se montraient comme Napoléon.

Lanne, l'intrépide guerrier,
Jamais il n'a tremblé;
Poniatowsky de même;
Daumale, la jambe de bois
Fut fidèle à nos lois,
Et Montholon, idem.
    Maintenant, etc.

Ensuite le général Bertrand
Commandait dans les rangs.
Devant toutes ces puissances,
Même d'autres braves que l'on ne cite pas,
Ont trouvé le trépas,
En bravant la mitraille.

    Maintenant, etc.

Le Polonais qu'il sut braver
Devant la grande armée,
Dans la Russie déserte,
Il alla prendre un drapeau,
Dans un carré nouveau,
L'apportant à son maître.

    Maintenant, etc.

Le conscrit fut récompensé,
Sur-le-champ décoré
Par Napoléon lui-même,
Qui la lui posant sur son cœur :
Tiens, brave, par ta valeur,
Te voilà capitaine.

    Maintenant, etc.

S'il n'avait pas été trahi,
Il serait aujourd'hui
Vainqueur de dix puissances,
Pour avoir eu trop de bonté,
Fut vendu et livré,
Même exilé de France.

    Maintenant, dans cent ans,
    On les trouvera dans l'histoire,
    Ces héros de renom
    Se montraient comme Napoléon.

BAR-S.-SEINE.—IMP. DE SAILLARD.